报废机动车回收管理办法

中国法制出版社

报废机动车回收管理办法

BAOFEI JIDONGCHE HUISHOU GUANLI BANFA

经销/新华书店

印刷/北京海纳百川印刷有限公司

开本/850 毫米×1168 毫米　32 开　　印张/0.5　字数/6.8 千

版次/2019 年 5 月第 1 版　　2019 年 5 月第 1 次印刷

中国法制出版社出版

书号 ISBN 978-7-5216-0236-4　　定价：4.00 元

北京西单横二条 2 号

邮政编码 100031　　传真：010-66031119

网址：http：//www.zgfzs.com　　编辑部电话：010-66075800

市场营销部电话：010-66033393　　邮购部电话：010-66033288

（如有印装质量问题，请与本社印务部联系调换。电话：010-66032926）

目　录

中华人民共和国国务院令

第 715 号

现公布《报废机动车回收管理办法》，自 2019 年 6 月 1 日起施行。

总理　李克强

2019 年 4 月 22 日

报废机动车回收管理办法

第一条 为了规范报废机动车回收活动，保护环境，促进循环经济发展，保障道路交通安全，制定本办法。

第二条 本办法所称报废机动车，是指根据《中华人民共和国道路交通安全法》的规定应当报废的机动车。

不属于《中华人民共和国道路交通安全法》规定的应当报废的机动车，机动车所有人自愿作报废处理的，依照本办法的规定执行。

第三条 国家鼓励特定领域的老旧机动车提前报废更新，具体办法由国务院有关部门另行制定。

第四条 国务院负责报废机动车回收管理的部门主管全国报废机动车回收（含拆解，下同）监督管理工作，国务院公安、生态环境、工业和信息化、交通运输、市场监督管理等部门在各自的职责范围内负责报废机动车回收有关的监督管理工作。

县级以上地方人民政府负责报废机动车回收管理的部门对本行政区域内报废机动车回收活动实施监督管理。县级以上地方人民政府公安、生态环境、工业和信息化、交通运输、市场监督管理等部门在各自的职责范围内对本行政区域内报废机动车回收活动实施有关的监督管理。

第五条 国家对报废机动车回收企业实行资质认定制

度。未经资质认定，任何单位或者个人不得从事报废机动车回收活动。

国家鼓励机动车生产企业从事报废机动车回收活动。机动车生产企业按照国家有关规定承担生产者责任。

第六条 取得报废机动车回收资质认定，应当具备下列条件：

（一）具有企业法人资格；

（二）具有符合环境保护等有关法律、法规和强制性标准要求的存储、拆解场地，拆解设备、设施以及拆解操作规范；

（三）具有与报废机动车拆解活动相适应的专业技术人员。

第七条 拟从事报废机动车回收活动的，应当向省、自治区、直辖市人民政府负责报废机动车回收管理的部门提出申请。省、自治区、直辖市人民政府负责报废机动车回收管理的部门应当依法进行审查，对符合条件的，颁发资质认定书；对不符合条件的，不予资质认定并书面说明理由。

省、自治区、直辖市人民政府负责报废机动车回收管理的部门应当充分利用计算机网络等先进技术手段，推行网上申请、网上受理等方式，为申请人提供便利条件。申请人可以在网上提出申请。

省、自治区、直辖市人民政府负责报废机动车回收管理的部门应当将本行政区域内取得资质认定的报废机动车回收企业名单及时向社会公布。

第八条 任何单位或者个人不得要求机动车所有人将报

废机动车交售给指定的报废机动车回收企业。

第九条 报废机动车回收企业对回收的报废机动车，应当向机动车所有人出具《报废机动车回收证明》，收回机动车登记证书、号牌、行驶证，并按照国家有关规定及时向公安机关交通管理部门办理注销登记，将注销证明转交机动车所有人。

《报废机动车回收证明》样式由国务院负责报废机动车回收管理的部门规定。任何单位或者个人不得买卖或者伪造、变造《报废机动车回收证明》。

第十条 报废机动车回收企业对回收的报废机动车，应当逐车登记机动车的型号、号牌号码、发动机号码、车辆识别代号等信息；发现回收的报废机动车疑似赃物或者用于盗窃、抢劫等犯罪活动的犯罪工具的，应当及时向公安机关报告。

报废机动车回收企业不得拆解、改装、拼装、倒卖疑似赃物或者犯罪工具的机动车或者其发动机、方向机、变速器、前后桥、车架（以下统称“五大总成”）和其他零部件。

第十一条 回收的报废机动车必须按照有关规定予以拆解；其中，回收的报废大型客车、货车等营运车辆和校车，应当在公安机关的监督下解体。

第十二条 拆解的报废机动车“五大总成”具备再制造条件的，可以按照国家有关规定出售给具有再制造能力的企业经过再制造予以循环利用；不具备再制造条件的，应当作为废金属，交售给钢铁企业作为冶炼原料。

拆解的报废机动车“五大总成”以外的零部件符合保障人身和财产安全等强制性国家标准，能够继续使用的，可以出售，但应当标明“报废机动车回用件”。

第十三条 国务院负责报废机动车回收管理的部门应当建立报废机动车回收信息系统。报废机动车回收企业应当如实记录本企业回收的报废机动车“五大总成”等主要部件的数量、型号、流向等信息，并上传至报废机动车回收信息系统。

负责报废机动车回收管理的部门、公安机关应当通过政务信息系统实现信息共享。

第十四条 拆解报废机动车，应当遵守环境保护法律、法规和强制性标准，采取有效措施保护环境，不得造成环境污染。

第十五条 禁止任何单位或者个人利用报废机动车“五大总成”和其他零部件拼装机动车，禁止拼装的机动车交易。

除机动车所有人将报废机动车依法交售给报废机动车回收企业外，禁止报废机动车整车交易。

第十六条 县级以上地方人民政府负责报废机动车回收管理的部门应当加强对报废机动车回收企业的监督检查，建立和完善以随机抽查为重点的日常监督检查制度，公布抽查事项目录，明确抽查的依据、频次、方式、内容和程序，随机抽取被检查企业，随机选派检查人员。抽查情况和查处结果应当及时向社会公布。

在监督检查中发现报废机动车回收企业不具备本办法规

定的资质认定条件的，应当责令限期改正；拒不改正或者逾期未改正的，由原发证部门吊销资质认定书。

第十七条 县级以上地方人民政府负责报废机动车回收管理的部门应当向社会公布本部门的联系方式，方便公众举报违法行为。

县级以上地方人民政府负责报废机动车回收管理的部门接到举报的，应当及时依法调查处理，并为举报人保密；对实名举报的，负责报废机动车回收管理的部门应当将处理结果告知举报人。

第十八条 负责报废机动车回收管理的部门在监督管理工作中发现不属于本部门处理权限的违法行为的，应当及时移交有权处理的部门；有权处理的部门应当及时依法调查处理，并将处理结果告知负责报废机动车回收管理的部门。

第十九条 未取得资质认定，擅自从事报废机动车回收活动的，由负责报废机动车回收管理的部门没收非法回收的报废机动车、报废机动车“五大总成”和其他零部件，没收违法所得；违法所得在5万元以上的，并处违法所得2倍以上5倍以下的罚款；违法所得不足5万元或者没有违法所得的，并处5万元以上10万元以下的罚款。对负责报废机动车回收管理的部门没收非法回收的报废机动车、报废机动车“五大总成”和其他零部件，必要时有关主管部门应当予以配合。

第二十条 有下列情形之一的，由公安机关依法给予治安管理处罚：

（一）买卖或者伪造、变造《报废机动车回收证明》；

（二）报废机动车回收企业明知或者应当知道回收的机动车为赃物或者用于盗窃、抢劫等犯罪活动的犯罪工具，未向公安机关报告，擅自拆解、改装、拼装、倒卖该机动车。

报废机动车回收企业有前款规定情形，情节严重的，由原发证部门吊销资质认定书。

第二十一条 报废机动车回收企业有下列情形之一的，由负责报废机动车回收管理的部门责令改正，没收报废机动车“五大总成”和其他零部件，没收违法所得；违法所得在5万元以上的，并处违法所得2倍以上5倍以下的罚款；违法所得不足5万元或者没有违法所得的，并处5万元以上10万元以下的罚款；情节严重的，责令停业整顿直至由原发证部门吊销资质认定书：

（一）出售不具备再制造条件的报废机动车“五大总成”；

（二）出售不能继续使用的报废机动车“五大总成”以外的零部件；

（三）出售的报废机动车“五大总成”以外的零部件未标明“报废机动车回用件”。

第二十二条 报废机动车回收企业对回收的报废机动车，未按照国家有关规定及时向公安机关交通管理部门办理注销登记并将注销证明转交机动车所有人的，由负责报废机动车回收管理的部门责令改正，可以处1万元以上5万元以下的罚款。

利用报废机动车“五大总成”和其他零部件拼装机动车或者出售报废机动车整车、拼装的机动车的，依照《中华人民共和国道路交通安全法》的规定予以处罚。

第二十三条 报废机动车回收企业未如实记录本企业回收的报废机动车“五大总成”等主要部件的数量、型号、流向等信息并上传至报废机动车回收信息系统的，由负责报废机动车回收管理的部门责令改正，并处1万元以上5万元以下的罚款；情节严重的，责令停业整顿。

第二十四条 报废机动车回收企业违反环境保护法律、法规和强制性标准，污染环境的，由生态环境主管部门责令限期改正，并依法予以处罚；拒不改正或者逾期未改正的，由原发证部门吊销资质认定书。

第二十五条 负责报废机动车回收管理的部门和其他有关部门的工作人员在监督管理工作中滥用职权、玩忽职守、徇私舞弊的，依法给予处分。

第二十六条 违反本办法规定，构成犯罪的，依法追究刑事责任。

第二十七条 报废新能源机动车回收的特殊事项，另行制定管理规定。

军队报废机动车的回收管理，依照国家和军队有关规定执行。

第二十八条 本办法自2019年6月1日起施行。2001年6月16日国务院公布的《报废汽车回收管理办法》同时废止。

司法部、商务部负责人就《报废机动车回收管理办法》答记者问

2019 年 4 月 22 日，国务院总理李克强签署国务院令，公布修订后的《报废机动车回收管理办法》（以下简称《办法》），自 2019 年 6 月 1 日起施行。日前，司法部、商务部负责人就《办法》有关问题回答了记者的提问。

问：为什么要修订《报废汽车回收管理办法》？

答：《报废汽车回收管理办法》是国务院 2001 年制定的。这部行政法规的施行，对于规范报废汽车回收活动，保障道路交通秩序和人民生命财产安全，保护环境发挥了积极作用。随着经济社会发展和人民生活水平提高，《报废汽车回收管理办法》已经不能完全适应新形势新情况的需要。一是国家大力发展循环经济，汽车零部件再制造是重点领域之一，《报废汽车回收管理办法》关于拆解的报废汽车“五大总成”应当作为废金属交售给钢铁企业作为冶炼原料的规定，对再制造企业获得旧件构成了法律障碍。二是为适应加大环境保护力度的要求，需要采取更加有效的措施，解决报废机动车回收拆解过程中固体废物、废油液等污染环境的突出问题。三是在报废机动车回收拆解行业存在对市场干预

过多、行政许可条件不完全合理等问题，与“放管服”的改革精神不符。此外，《报废汽车回收管理办法》的部分规定，需要与近年出台的一些法律、行政法规相衔接。为了使法律制度适应新的情况，做到与时俱进，国务院对《报废汽车回收管理办法》作了修改，并将法规的名称调整为“报废机动车回收管理办法”。

问：这次修订的总体思路是什么？

答：这次修订在总体思路上主要把握了以下几点：一是贯彻新发展理念，坚持问题导向，消除机动车零部件再制造的法律障碍，切实加强报废机动车回收拆解过程中环境保护的力度。二是统筹安全和发展，在确保安全的前提下，促进循环经济发展。三是贯彻落实“放管服”改革要求，处理好政府和市场的关系，取消不必要的行政许可，减少对市场的不当干预，加强事中事后监管。

问：《办法》如何适应循环经济发展的需要，如何兼顾安全与发展？

答：为适应循环经济发展的需要，《办法》在明确规定国家鼓励特定领域的报废机动车提前报废更新的同时，不再规定拆解的报废机动车“五大总成”应当作为废金属交售给钢铁企业作为冶炼原料，允许将符合再制造条件的报废机动车“五大总成”按照国家有关规定出售给具备再制造能力的企业经过再制造予以循环利用，从而消除了机动车零部件再制造的法律障碍。为了确保安全，《办法》规定不具备再制造条件的报废机动车“五大总成”仍应作为废金属交售给钢铁企业作为冶炼原料；同时，规定国务院负责报废机动车回收管理的部门应当建立回收信息系统，回收企业应当如实记录“五大总成”等主要部件的数量、型号、流向等信息，并上传回收信息系统，以确保拆解的零部件来源可追、流向可查、风险可控。

问：在落实绿色发展要求、加强环境保护方面，《办法》主要作了哪些修改？

答：为适应绿色发展、加强环境保护对报废机动车回收拆解提出的更高要求，切实解决回收行业整体环保水平偏低，一些企业随意处置危险废物、固体废物等问题，《办法》在报废机动车回收企业资质认定条件中，有针对性地增加了企业在存储拆解场地、设备设施、拆解操作规范等方面符合环境保护要求的规定，进一步明确生态环境主管部门的事中事后监管职责，加大了对有关违法行为的处罚力度，规定报废机动车回收企业违反环境保护法律、法规和强制性标准污染环境的，由生态环境主管部门责令限期改正，依法予以处罚；拒不改正或者逾期未改正的，由原发证部门吊销其资质认定书。

问：《办法》在深化“放管服”改革方面有哪些实际举措？

答：主要有以下几个方面：一是取消不必要的行政许可，不再对报废机动车回收企业实行特种行业许可。二是完善行政许可条件，在回收企业资质认定条件中，删去了注册资本、场地面积、从业人员数量等实际意义不大的条件。三是对报废机动车回收企业实行“先照后证”制度，企业依法取得营业执照后，再申请取得回收资质认定。四是删去报废机动车的收购价格参照废旧金属市场价格计价的规定，由市场主体自主协商定价。五是按照审批更简、监管更强、服务更优的精神，推行网上申请、网上受理，方便企业办事，规定主管部门应当充分利用计算机网络等先进技术手段，为申请人提供便利条件；申请人可以通过网上提出申请；主管部门应当通过政务信息系统实现信息共享，减少企业重复报送信息，减轻企业负担；加强对报废机动车回收企业的监督检查，建立和完善以“双随机、一公开”为重点的日常监督检查制度；加强部门之间执法活动的衔接，形成监管合力。

问：《办法》删去了一些道路交通安全方面的规定，主要考虑是什么？

答：2001年《报废汽车管理办法》出台后，2003年、2004年道路交通安全法及其实施条例相继出台，对机动车强制报废、禁止报废机动车上道路行驶等道路交通安全制度作了专门规定，本办法作为规范回收行业的行政法规，可不再调整道路交通安全方面的行为。为了实现法律法规之间的协调，《办法》删去了上述两方面的规定，并就报废机动车回收程序、违法拼装机动车、买卖报废机动车拼装车的法律责任等，与道路交通安全法作了衔接。